# SÉRGIO CORRÊA

# O MARKETING DO
# EMPREENDEDOR MODERNO

2020

O meu Deus suprirá todas as necessidades de vocês, de acordo com as suas gloriosas riquezas em Cristo Jesus.

Filipenses 4:19

# SUMÁRIO

# CAPÍTULO 1 – O QUE TIRA O SONO DO EMPREENDEDOR?

## CAPÍTULO 1 – O QUE TIRA O SONO DO EMPREENDEDOR?

É comum que empreendedores invistam muito tempo em estudos de novas técnicas, além de dividir as horas do dia também em atendimento, deveres sociais (casa, família, amigos) e as famosas distrações: Redes Sociais!

A sensação de que o tempo te consome é comum, e na maioria das vezes real, e é por isso que este e-book tem o intuito de te ensinar com objetividade os caminhos para a construção do seu marketing, para que comece agora.

Segundo o escritor Paulo Vieira, em seu livro "O Poder da Autorresponsabilidade", você é o único e principal responsável em assumir o comando da sua vida.

> Você não é o que gostaria de ser, nem o que diz que é, você é o que faz e os resultados que colhe. (VIEIRA, 2017, p.92)

Portanto você pode decidir agora mudar seus hábitos e organizar uma parcela do seu tempo para realizar suas tarefas de marketing, ou continuar dando desculpas enquanto os outros profissionais se destacam mais do que você.

Se você optou em realizar as tarefas de marketing, então se prepara porque você vai mudar a forma em como usa as redes sociais, vai passar de usuário espectador para usuário produtor de conteúdo, conhecendo novas plataformas e ferramentas que vão te ajudar no dia a dia.

É importante ressaltar que o seu cliente busca por solucionar uma dor, mas simultaneamente também avalia a experiência vivida. Como assim? O cliente vai avaliar seu atendimento do começo ao fim: Prospecção, Ambiente de atendimento, Higiene, Simpatia, Conhecimento, Qualidade, Solução e Feedback. Não adianta você ser o melhor em Marketing, se o cliente chegar ao seu estabelecimento e não gostar do atendimento, da espera, não sentir firmeza em você. Então se você possui pontos a melhorar na sua rotina profissional, COMECE SOLUCIONANDO-AS e depois parta para o marketing digital e de relacionamento.

Então como prometido, vamos iniciar entendendo a diferença entre Marketing Digital e Marketing de Relacionamento, ambos de suma importância para todo tipo de negócio.

# CAPÍTULO 2 - MARKETING DIGITAL VS. MARKETING DE RELACIONAMENTO

# CAPÍTULO 2 - MARKETING DIGITAL VS. MARKETING DE RELACIONAMENTO

O Marketing em si, só tem vantagem. Quanto mais você gera capital intelectual, ou seja, quanto mais você demonstra em suas redes sociais o valor e a qualidade do seu trabalho ou do seu conhecimento, mais visibilidade positiva vai atrair, com isso, seu próprio público (ou audiência) vai te recomendar e vender o seu trabalho, aumentando sua autoridade.

As principais vantagens do marketing digital, é que se algo der errado ou alguma informação dada estiver equivocada, você consegue tirar a campanha do ar com um clique, diferente de mídias como jornal, panfleto ou outdoor que teria que refazer e aguardar a disponibilidade (nem sempre imediata) dos responsáveis para a correção do conteúdo. Atualmente na mídia digital você pode ter mais visibilidade, melhores avaliações nos mecanismos de busca e a possibilidade de maiores taxas de conversão (vendas ou novos clientes prospectados através do marketing digital). Primeiro as pessoas te procuram na internet, depois em outras mídias.

Por outro lado, o Marketing de Relacionamento também te dá uma alavancada em autoridade, aumentando suas oportunidades de fidelizar seu paciente, fazer com que ele volte e te indique para amigos e familiares, o famoso marketing boca a boca, além de ser mais rentável do que prospectar um novo.

Você já deve ter percebido que seu público (tanto os que já são fidelizados, quanto os "curiosos" que só fazem orçamento e depois somem) te acompanha nas redes sociais, e digo mais, estão presentes até visualizando seus stories no Facebook, Instagram e WhatsApp. Isso acontece porque estamos entrando numa nova tendência de profissionais "Gente como a Gente", onde seu público se sente importante em saber que você permite ele saber da sua rotina, não só profissional, mas seus hobbies e lugares que frequenta. Isso também é Marketing de Relacionamento, então se você achava isso invasivo, comece a olhar de outra forma e aproveite para converter em atendimentos/consultas marcadas e realizadas.

Estas atmosferas do Marketing são valiosas para fazer com que seu negócio seja visto e lembrado, além de permitir que você crie autoridade e popularidade como referência no mercado.

# CAPÍTULO 3 - COMO APARECER NAS PESQUISAS DO GOOGLE

## CAPÍTULO 3 - COMO APARECER NAS PESQUISAS DO GOOGLE

Não tem muito segredo para alcançar as páginas de pesquisa do Google, pois ele nada mais é do que um organizador de sites, então quanto maior for seu mix de redes sociais, site, mais oportunidade de aparecer você terá, sem precisar investir dinheiro.

É importante que você use o mesmo nome para todas as redes, e se possível o mesmo @ (nome de usuário). A Página de pesquisa do Google lista a sua referência em redes como Facebook, Instagram, Twitter, Snapchat, YouTube, Linkedin, e se você tiver um site com domínio próprio.

Embora estar presente nessas redes já te faça aparecer nas pesquisas, o próprio Google lançou um Aplicativo, disponível para Android e IOS, chamado **"Google Meu Negócio"**, onde você cria um perfil gratuito da empresa e o app te ajuda a gerar interações de clientes locais na Pesquisa Google e no Maps. Em alguns casos, a confirmação do seu cadastro será através do envio de uma correspondência no seu endereço.

A maioria dos clientes que atendo com mentorias, até já baixou e usou este app do Google, porém não percebem a oportunidade que ele oferece para que você dispare gatilhos mentais em seu público (falaremos sobre gatilhos nos próximos capítulos).

Eu vou te ensinar agora 7 maneiras de você se destacar com este app.

1º - Faça o cadastro COMPLETO, perfis completos são mais atraentes;

2º - Insira seu site, se não tiver, coloque o link do seu perfil profissional do Instagram (ter um site institucional também te traz autoridade);

**3º** - Cadastre seu endereço corretamente, após seu perfil confirmado, ele deixará sua empresa visível no Google Maps e em aplicativos de transporte (Uber, 99 etc), seu cliente te encontrará nestes apps direto pelo nome da sua empresa, facilitando-o chegar até você. (Faça o teste).

**4º** - Coloque seu telefone correto (mesmo que seja pessoal), pois te ligar ou te adicionar no WhatsApp é a ação mais provável.

**5º** - O título deve dizer o que você faz e seu nome, pois é assim que as pessoas vão te procurar, por exemplo "Podóloga Fulana", "Dentista Fulana", em caso de empresa coloque também a principal atividade, por exemplo "Restaurante xxxx", "Buffet xxxx", eu sei que às vezes a vaidade e o ego dizem que colocar "somente o nome da marca é essencial", porém sabemos que quando alguém quer pastel, ele procura "Pastel em Pindamonhangaba" e dificilmente o nome da sua marca.

6º - Coloque as melhores (A-S M-E-L-H-O-R-E-S) fotos do seu negócio, é atraente ter fotos do seu estabelecimento, fachada para referência, sua foto no ofício, fotos de resultados (antes e depois), seus produtos etc.

7º - **O PULO DO GATO:** aqui você dispara o melhor gatilho mental, a prova social, ou seja, o que seus pacientes estão falando sobre você. Existe uma aba neste app chamada "Avaliações", as famosas 5 estrelas. Quando você finaliza seu cadastro, você pode criar um nome de usuário "@suaempresa", com isso você consegue gerar um link para divulgar seu cadastro no Google (g.page/suaempresa). Quando você tiver esse link, é só enviar por E-mail ou WhatsApp para seus clientes e pedir que avaliem seu trabalho. Além de você ter uma métrica melhor de como anda a qualidade do seu negócio, você também FICA BEM POSICIONADO NAS PESQUISAS, pois o algoritmo da ferramenta tende a sugerir os profissionais mais bem avaliados, tudo isso sem você precisar investir dinheiro. Isso realmente funciona, faça o teste.

# CAPÍTULO 4 - CONFIGURAR PERFIL COMERCIAL NO INSTAGRAM

## CAPÍTULO 4 - CONFIGURAR PERFIL COMERCIAL NO INSTAGRAM

O perfil Comercial do Instagram se diferencia do Pessoal, pois te ajuda com análises de engajamento entre outros recursos. É possível ter mais visão de como está repercutindo suas postagens, desde alcance, envolvimento, sexo, faixa etária, dias da semana, horas da semana etc.

Esta opção de perfil também te viabiliza integrar as postagens com sua Página do Facebook, onde a produção do conteúdo passa a caminhar de forma simultânea e economizando tempo.

E como chamada para a ação, você pode inserir três meios: telefone de contato, e-mail de contato e sua localização. Nos Stories, para perfis com mais de 10 mil seguidores, é permitido uso de link para conteúdo externo, em site ou outro acesso desejado, o famoso "Arraste para cima".

Agora você pode também criar ou migrar sua conta para um perfil "Criador de Conteúdo", permite deixar seu perfil com aparência de Pessoal, porém com métricas de Comercial, análise de indicadores, últimos perfis que seguiram e deixaram de seguir etc.

## → 4.1 – MIGRAÇÃO E CRIAÇÃO DO PERFIL

Para criação do perfil, você primeiro deve baixar o aplicativo para smartphone no Google Play ou na Apple Store, se você já tem uma conta poderá fazer direto pelas configurações, você configura e escolhe qual tipo de conta prefere: Pessoal, Comercial ou Criador de Conteúdo. Eu recomendo a Comercial ou a Criador de Conteúdo para lidar com clientes.

➜ **4.2 – INFORMAÇÕES INDISPENSÁVEIS PARA A BIO**

A Bio é o texto que aparece no seu perfil, abaixo da sua foto, te autoriza colocar um link que direciona para um site, página do Facebook ou conversa do WhatsApp!

Essa etapa é importante para o engajamento do seu Instagram, pois é uma das vertentes decisivas quando um usuário decide te seguir ou não. O ideal é que você diga em poucas palavras quem é você e o que você faz.

Para inserir um link que direcione até a conversa do WhatsApp, continue acompanhando este e-book e haverá o passo a passo no **Capítulo 6 – WhatsApp para Negócios.**

Se tiver mais de um link para direcionar, você pode criar um cadastro no site Linktr.ee que é um organizador de Links para Instagram, é gratuito e fácil de usar, eu mesmo uso em meu perfil e de meus clientes.

## → 4.3 – SETE MOTIVOS PARA POSTAR STORIES TODOS OS DIAS

Stories são publicações que duram 24h, geralmente postadas no formato vertical, onde podem ser editadas com filtros, textos, gifs etc. Também é usado para recuperar postagens anteriores para serem adicionadas como Destaques no perfil. Vão aqui 7 motivos para postar Stories todos os dias:

1º - **Presença**. Você já deve ter reparado que seu público está mais presente nos views dele, do que em likes no feed.

**2º - Envolvimento**. Quando você posta Stories, o seu público pode reagir ao conteúdo de maneira mais reservada, direto com você.

**3º - Gente como a Gente**. Sua audiência gosta de se sentir íntima de você, querem saber o que você anda estudando ou preparando para melhorar suas técnicas e até mesmo seu estilo de vida.

**4º - Constância**. Sabe aquela famosa frase "Quem não é visto, não é lembrado"? Pois é, quanto mais você tem constância nas suas postagens e envolvimentos, mais o algoritmo da rede social entende que seu conteúdo é relevante e continua distribuindo seu conteúdo com seu público. Constância é disciplina para postar nos mesmos dias e horários pré-estabelecidos.

**5º - Ações Promocionais**. Os Stories são ótimas ferramentas de venda e anúncio, é sempre usado para lançamento de algum produto ou serviço, em perfis comerciais, acima de 10 mil seguidores, você consegue colocar o recurso do "Arrasta pra cima" que é almejado para as melhores campanhas.

**6º - Preenchimento de Agenda**. Sabe aquele paciente que desmarcou de última hora? Nesse caso o Storie é um prato cheio para providenciar a reposição dessa vaga, podendo até oferecer uma recompensa pelo encaixe, um desconto etc.

**7º - Posicionamento**. Estar presente com autoridade nas redes gera credibilidade para você e para seu negócio. Aproveite para usar Hashtags e aumente ainda mais sua visibilidade.

### ➜ 4.4 – SEGMENTAÇÃO DOS DESTAQUES

"Destaques" é um recurso que fica abaixo do link da Bio e permite ao usuário deixar vários stories fixados no perfil por tempo indeterminado. É ideal para você organizar as fotos dos seus procedimentos, ou inserir imagens de Cursos que você aplicou ou participou. É ideal também para prints de depoimentos de seus clientes, recados importantes e tudo que você considerar conveniente ser destacado ao seu público.

### ➜ 4.5 – ESTRATÉGIAS PARA PUBLICAÇÕES NO FEED

O Feed é um mural para as fotos mais caprichadas, ele é a maior parte da harmonia do seu perfil. Lembra que eu te falei do "Gente como a gente"? Então, é um lugar que você também pode alimentar com fotos do seu estilo de vida, mas >ATENÇÃO< o foco do seu perfil é seu ambiente de trabalho ou estabelecimento, seus procedimentos, seus resultados de "Antes e Depois", suas experiências em workshops, suas dicas.

O que é saudável, por exemplo, é após você entrar de férias, postar de duas a três fotos da sua viagem, ou depois de uma sequência de conteúdo de podologia, também é saudável você compartilhar com seu público de duas a três fotos que definam seus hobbies, atividades físicas etc. O importante é não fugir do foco, mas saber equilibrar com essa tendência de Lifestyle.

### ➔ 4.6 – TRÊS APPS PARA PRODUÇÃO DE IMAGEM E VIDEO

Para produzir com facilidade material em foto ou vídeo para Instagram e Facebook, existem aplicativos gratuitos e incríveis para deixar suas postagens com aspecto profissional sem precisar ter experiência como design.

O primeiro app que mostrarei é o **Canva**, que você pode editar imagens como um profissional, é compatível com celular ou computador, fácil de explorar e já possui as dimensões ideais para as redes sociais.

O segundo app que eu recomendo é para vídeos rápidos, também nas principais dimensões das redes sociais, o **InShot**, bastante usado para edição de vídeo para Instagram e Facebook.

O terceiro app é o **Chroma Key Studio**, para fotos ou vídeos rápidos que estejam em Chroma Key. Sabe aquele fundo verde usado em filmes? Então, você também pode usá-lo em sua casa, caso não tenha um cenário pronto. O efeito de recorte do fundo funciona bem com as cores verde, azul ou vermelho. Os mais usados são o verde e o azul, lembrando que a pessoa não pode ter essas cores na roupa e nos acessórios para não apagar junto na imagem. O tecido que eu uso é o "Dry – Verde Limão", porque é difícil de fazer sombra, difícil de amassar e reflete bem a luz, auxiliando no corte. Comprei na dimensão 1,80m x 3,0m, paguei em média R$ 30,00, e o suporte eu fiz de cano PVC. Se você tiver disponibilidade, pode também pintar uma parede lisa com essa cor verde limão, coloque três ou quatro pontos de luz para te auxiliar e pronto, terá um studio chroma key em casa.

## ➔ 4.7 – TRÊS OPORTUNIDADES DE OURO PARA IGTV

O IGTV é um aplicativo de vídeo independente (é como se fosse o "YouTube" do Instagram). Embora independente, ele também está disponível no app e no site do Instagram.

Nele, os profissionais produtores de conteúdo podem aproveitar diversas oportunidades. Lembrando do "Relacionamento" com o público, você consegue aumentar sua autoridade (conforme qualidade do vídeo e do conteúdo) e também consegue gerar leads para futuras campanhas de lançamento. Não se esqueça que se não tiver um conteúdo relevante para apresentar, você pode sacrificar essa ferramenta e perderá oportunidades.

**1ª - Postar Tutoriais**, que são ensinamentos curtos e práticos, geralmente seguidos por um passo a passo. O usuário sai satisfeito e com convicção de que adquiriu novos conhecimentos.

**2ª – Produzir Webinarios**, é como se fosse um seminário online, geralmente ao vivo, onde o instrutor apresenta suas ideias e técnicas, e os participantes podem interagir com perguntas. É uma ferramenta forte para quem quer vender um infoproduto ao final.

**3ª – Discutir Curiosidades**, o famoso tema "Você Sabia?" com algo referente ao seu nicho, é conteúdo de valor e que chama atenção para manter aquecida sua lista de público engajado.

# CAPÍTULO 5 – HARMONIZAR PÁGINA DO FACEBOOK

# CAPÍTULO 5 – HARMONIZAR PÁGINA DO FACEBOOK

## ➔ 5.1 – FOTO DE PERFIL E DE CAPA

Não tem muito segredo aqui, é só caprichar na foto do perfil, se você usar a mesma foto de perfil em todas as redes, ficará mais fácil um novo lead te associar por imagem, memória fotográfica. A capa você pode produzir no Aplicativo Canva, citado acima, nele você já encontrará as dimensões ideais.

Há possibilidade de se ter capa em vídeo, pouco usada, porém é uma boa ideia para demonstração de produto caso seja uma página de conteúdo e nicho bem específico. O vídeo deve ter entre 20 e 90 segundos com 820 x 312 pixels ou acima (o recomendado é 820 por 462). E não precisa de editores caros para começar, é possível fazer um vídeo de capa usando o Power Point, isso mesmo, esse software de apresentação de slide também consegue produzir vídeos e não precisa ser nenhum expert. É só montar a apresentação nas dimensões acima, que convertidas em centímetros ficam L 28,93 x A 11,01 e depois salvar como vídeo.

➔ **5.2 – PUBLICAÇÕES TERCEIRIZADAS**

Uma forma de terceirizar suas publicações é pedindo autorização via Direct no Instagram para as páginas que são relacionadas ao seu assunto, ao seu nicho. Então, após autorizado, você utiliza a foto e o texto deste terceiro e no final do texto credita os direitos: Fonte: Instagram *@nomedapagina*.

Assim, você ganha tempo fazendo somente o "copiar e colar" e não precisa esquentar a cabeça para criar e desenvolver conteúdo.


➔ **5.3 – ROBÔ PARA O MESSENGER**

O Manychat é uma ferramenta especializada em Bot (robô para entrega de mensagens), e sendo mais específico, para Facebook Messenger. É uma ferramenta muito interessante, porém não se acomode nela, pois nem sempre seu paciente vai se sentir confortável em conversar com um robô.

## ➜ 5.4 – APLICATIVO GERENCIADOR DE ANÚNCIOS DO FACEBOOK

Qual a diferença entre impulsionar uma postagem e criar no gerenciador de anúncios? Se essa dúvida ainda não chegou até você, uma hora vai chegar! Quando você não usa o gerenciador e somente impulsiona uma postagem, você terá uma análise de engajamento única desse post, porém não terá a opção de comparar o engajamento de forma fácil e mais analítica. No gerenciador de Anúncios, você consegue testar mais de uma forma de anunciar, seja como post, ou como intervenção em vídeo, e com isso você descobre meios de camuflar seu anúncio para que o seu público receba de forma mais sutil e consegue também entender qual formato de inserção os agrada mais.

O aplicativo Anúncios do Facebook permite gerenciar e criar anúncios das suas páginas do Facebook e Instagram usando um smartphone ou tablet. Você pode acessar também pelo site *business.facebook.com*.

Ao criar uma conta business para poder administrar uma ou várias páginas, poderá ter uma melhor análise das suas campanhas em relação a custo por clique, engajamento, qual formato de anúncio funcionou melhor com seu público, e qual a métrica de anúncios que resultam em mais conversões de leads e vendas para seu negócio.

A Conta de Anúncios é dividida em três partes: Campanhas, Conjuntos de Anúncios e Anúncios. Mas o que isso representa? É um "efeito teia", você cria a Campanha, ela vai segmentar o objetivo da campanha, se é conversão, tráfego etc. Dentro da campanha você cria o Conjunto de Anúncios, ele vai segmentar seu público, sua persona, seu nicho, e vai definir o quanto você quer investir $$ por dia no anúncio. Dentro do Conjunto de Anúncios você cria o layout do seu Anúncio, se quer para Desktop ou para Mobile, se quer no Feed ou nos Stories, e já adiciona também a imagem/vídeo, texto, link etc.

Aqui você consegue criar Stories para Instagram patrocinados com o recurso "Arraste para cima", mesmo que seu perfil comercial ou criador de conteúdo não tenha mais de 10 mil seguidores.

A partir deste momento, você não usará mais o Facebook apenas como rede social e sim como plataforma de análise de investimento em propagandas do seu negócio.

# CAPÍTULO 6 – WHATSAPP PARA NEGÓCIOS

# CAPÍTULO 6 – WHATSAPP PARA NEGÓCIOS

## → 6.1 – O QUE É E QUAL A VANTAGEM?

O WhatsApp Business é um aplicativo gratuito, que foi desenvolvido para uso empresarial ou profissional autônomo, com ele você pode interagir de forma fácil com seu cliente, e pode configurar ferramentas para automatizar, organizar e responder suas mensagens.

## → 6.2 – GANHE TEMPO COM MENSAGENS AUTOMÁTICAS

Após baixar o aplicativo WhatsApp Business, você acessa Menu > Configurações > Configurações da Empresa > Ferramentas de Mensagem. Neste caminho você encontrará três opções de automatização:

Mensagem de Ausência, Mensagem de Saudação e Respostas Rápidas.

**Mensagem de Ausência**: responde automaticamente com uma mensagem quando você não estiver disponível, porém essas mensagens só serão enviadas quando o celular estiver conectado à internet.

**Mensagem de Saudação**: Cumprimente clientes quando eles enviarem mensagens pela primeira vez ou após 14 dias de inatividade, lembrando que as mensagens só serão enviadas quando o celular estiver conectado à internet.

**Mensagem de Respostas Rápidas**: te permite criar atalhos no teclado para envio de mensagens frequentes, você configura facilmente e utiliza na conversa digitando a tecla "/" barra.

**➔ 6.3 – CONFIGURANDO PERFIL COMERCIAL**

O Perfil Comercial é uma ótima ferramenta de *call to action,* pois seu paciente conseguirá, ao clicar na sua foto, ter acesso a informações como: Endereço Comercial, Categoria de Negócio, Descrição, Horário de Atendimento, E-mail e Site.

**➔ 6.4 – ORGANIZAR CONVERSAS POR ETIQUETA**

Já imaginou poder etiquetar cada conversa com seus clientes de forma simples e funcional? Pois bem, o WhatsApp Business permite você etiquetar as conversas por selo de cor, para identificar se seu cliente é novo, ou atendimento encerrado, ou pagamento pendente, ou pago etc. Você também pode criar sua própria etiqueta e organizar como quiser.

## ➜ 6.5 – DIFERENÇA ENTRE GRUPO E LISTA DE TRANSMISSÃO

Grupo e Lista de transmissão têm focos completamente diferentes. No Grupo, todos os participantes fazem parte de um contexto e podem participar de forma coletiva, ideal para grupo de amigos profissionais, enfim, algo que todos participem. Já a Lista de Transmissão, é uma ferramenta que você cria sua lista, adiciona os participantes e envia mensagens apenas uma vez, e o próprio aplicativo dispara o mesmo texto para todos os participantes de forma individual, bem como, caso eles respondam a mensagem, ela chegará até você em conversa privada.

### → 6.6 – O LINK "MÁGICO" QUE LEVA ATÉ SUA CONVERSA DO WHATSAPP

Imagine seu cliente clicando em um link que esteja em sua postagem do Facebook, Instagram, YouTube, Site ou qualquer outro caminho, e este link levar direto para a sua conversa do WhatsApp, indicando que pode agendar um horário e tirar dúvidas direto com o profissional. Bem interessante né?

Para inserir um link que direcione até a conversa do WhatsApp, você vai precisar criar um cadastro no site **bitly.com** que vai te permitir encurtar e personalizar um link de acesso direto do WhatsApp. Após criar o cadastro no site, você clica no botão **CREATE** e insere o link a seguir, substituindo o final **XX** por seu **DDD** e **YYYYYYYY** por seu **número de celular**.

**https://api.whatsapp.com/send?1=pt_BR&**
**phone=55XXYYYYYYYYY**

Então no campo **CUSTOMIZE** você altera o link para **bit.ly/SeuNome** confirma e já pode começar a usar como link da Bio, de descrição das postagens, de contato do site etc.

→ **6.7 – CATÁLOGO DO WHATSAPP**

Quando você cria um catálogo, você envia as imagens de seus produtos ou serviços aos seus clientes e libere espaço no seu celular. E aí você cadastra como se fosse uma loja virtual, o nome, o preço, a descrição, o link para checkout e o código identificador do produto, caso haja. Atenção, necessário sempre se atualizar com os termos do Facebook, que é o responsável, para verificar quais produtos não são permitidos para venda.

# CAPÍTULO 7 – PRESENÇA NO YOUTUBE

# CAPÍTULO 7 – PRESENÇA NO YOUTUBE

## ➔ 7.1 – FOTO DE PERFIL E DE CAPA

Capriche na foto de perfil, se preferir use a mesma das outras redes sociais. A capa do Youtube é uma ótima ferramenta de divulgação do seu logotipo, site, redes sociais e frequência de postagens, porém ela não tem um tamanho fixo que se adapte a todos os aparelhos, as dimensões podem variar na parte em exibição caso você acesse por um smartphone, por exemplo. Por isso procure um template com exemplo da área visível para criação. Não esqueça que a capa deve refletir a personalidade do canal. Para criação da capa, recomendo uso de um computador ou notebook, para acessar ao site gratuito https://pixlr.com/x/ de edição de imagem.

## → 7.2 – PRODUÇÃO DE VÍDEO COM SEU CELULAR

Se você não tiver uma câmera profissional ou semiprofissional, você também pode gravar vídeos de qualidade com seu celular. A sugestão que eu te dou é configurar a imagem na dimensão 16:9 com resolução a partir de 1920x1080 Full HD.

A boa iluminação do local da gravação é primordial, seja com luz natural ou com recursos de lâmpadas, refletores, ring light, flash da câmera etc. A melhor forma de você saber se sua luz está boa é comparando a iluminação do seu vídeo com a de outros canais.

É de suma importância o som do vídeo estar nítido, portanto, recomendo uso de microfone, pode ser direcional, lapela ou até mesmo o microfone do fone de ouvido. Geralmente os fones de ouvido originais do aparelho vêm com microfone embutido, na maioria dos celulares é possível filmar usando o microfone do fone, sendo assim basta você posicionar ele como se fosse uma lapela e pronto, terá áudio de qualidade.

## → 7.3 – EDIÇÃO DE VÍDEO PARA YOUTUBE

Existem inúmeros editores de vídeos de qualidade, porém, para produção de vídeo para YouTube eu recomendo **Adobe Premiere** (Pago, demora para aprender bem, muito detalhe na edição e na vinheta) ou **Filmora9** (Pago, fácil de aprender, prático na edição e na vinheta), eu uso o Premiere, porque trabalho com ele há bastante tempo. Tem também o conhecido **Windows Movie Maker,** que é "gratuito", compatível com plataformas Windows da Microsoft, porém é bem "basicão", sem muita opção para recursos de edição.

## → 7.4 – PRODUÇÃO DE VINHETA PARA O VÍDEO

A Vinheta é o vídeo de identidade visual do canal, geralmente usado no início para deixar seus vídeos com aspecto mais profissional. Ela também pode ser criada pelo software do Filmora9 (pago). Vinhetas mais elaboradas, profissionais e que demandam mais conhecimento e tempo para produção, são feitas no software **Adobe After Effects** (pago, exige um notebook/computador com alta tecnologia em hardware para conseguir reproduzir sem travar).

## → 7.5 – DESCRIÇÃO DO VÍDEO E HASHTAGS

A descrição do vídeo muitas vezes passa despercebida pelos produtores, raramente você encontra conteúdo de valor nela também. Porém, nessa era de Links que geram leads, se você anotar e aplicar essa orientação que vou te passar, suas oportunidades de engajamento poderão aumentar.

Para iniciar, lembre seu público de se inscrever no canal e ativar o sininho de notificações, deixar like no vídeo e participar com perguntas nos comentários.

Em seguida, coloque os links das suas redes sociais, e-mail de contato, site (se tiver) para que seu assinante do canal possa também te acompanhar nas outras redes, ampliando sua presença na rotina social dele.

Crie um breve texto apresentando o canal e você, sua especialidade etc.

Finalize com Hashtags, referentes ao seu nicho, pois elas são usadas nos mecanismos de busca quando seu público pesquisa seu nicho, facilitando seu posicionamento nas primeiras páginas.

➔ **7.6 – MARCA D'ÁGUA NOS VÍDEOS**

Aqui vai uma dica de mestre, onde quem assiste pode passar o cursor do mouse em cima e abrirá uma faixa lembrando-o de se inscrever no canal. Adicionar uma marca-d'água ao conteúdo é uma ótima forma de aumentar o reconhecimento da marca e do canal. É recomendada imagem em PNG ou GIF, no tamanho 150 x 150 pixels, onde imagens com uma ou duas cores e fundos transparentes funcionam melhor. Ela aparecerá sobreposta ao vídeo no canto inferior direito do player.

Você acessa o Menu – YouTube Studio – Configurações – Canal – Branding e faz o upload da imagem. Feito isso, altere a opção para aparecer durante o vídeo todo e salva. Pronto, mais uma opção para prospectar mais inscritos no seu canal.

# CAPÍTULO 8 – CONSTRUINDO NETWORKING NO LINKEDIN

# CAPÍTULO 8 – CONSTRUINDO NETWORKING NO LINKEDIN

O Linkedin é uma rede social de negócios, você cria seu perfil como profissional, ele tem visibilidade como se fosse um currículo on-line, onde você pode recomendar profissionais, e também ser recomendado, é uma ferramenta forte para construir networking com pessoas do seu ramo profissional, gera credibilidade como profissional e é mais uma opção de estar na pesquisa do Google quando alguém procurar por você na internet.

As principais empresas, startups e fornecedores estão no Linkedin, é gratuito e você só terá benefícios conhecendo e criando um perfil nessa rede. Você pode acessar pelo site ou pelo App disponível para download nas principais plataformas. A própria rede social te orienta o passo a passo para criar um perfil campeão.

# CAPÍTULO 9 – CALENDÁRIO EDITORIAL E GATILHOS MENTAIS

## CAPÍTULO 9 – CALENDÁRIO EDITORIAL E GATILHOS MENTAIS

O Calendário Editorial é o cronograma das suas publicações e demais conteúdos da sua estratégia, nele você pode manter controle sobre datas de publicação, prazos para produção de novos conteúdos e o que considerar útil neste contexto. A ferramenta que eu uso para gestão e agendamento de postagens é o Mlabs, porém ele tem a desvantagem de não inserir thumbnail em postagens de vídeos previamente agendados no YouTube (pelo menos até o fechamento deste livro ainda não havia essa possibilidade).

Gatilhos Mentais são estímulos recebidos por nosso cérebro, e que influenciam na nossa tomada de decisão. O cérebro é uma máquina fenomenal, porém busca filtrar muitas informações para poupar sua energia, entrando em "piloto automático". Os Gatilhos Mentais agem como facilitadores do cérebro na hora de tomar uma decisão ou atitude. A importância de você estudar sobre gatilhos é poder entender como ativar o poder de compra do seu público.

Existem diversos tipos de gatilhos, vou te apresentar 6 deles. Entraremos no mundo da persuasão e a regra número 1 é não deixar seu público perceber que está sendo persuadido.

## → 9.1 – GATILHO MENTAL DE ESCASSEZ

É o gatilho que promove senso de urgência, a sensação de perda da possibilidade de escolha, que causa um grande desconforto emocional, o famoso "precisou perder para dar valor". Pode ser usado, por exemplo, em 4 tipos de situações:

TEMPO – "Essa promoção acaba amanhã, garanta logo o seu..."

BÔNUS – "Os primeiros 10 clientes que comprarem, ganharão esse Bônus incrível"

LOTE/ACESSO – "Os primeiros 20 clientes terão acesso a consultoria exclusiva via chat"

VAGAS – "Atenção, restam apenas 2 vagas, não há previsão para a próxima data..."

Exemplo na Podologia: "Olá, realizarei a "Semana dos Pés" no meu consultório, onde o paciente agenda procedimento podológico e GANHA uma sessão de Reflexologia! Será de 07 a 14 de outubro, e tem Super Promoção de 50% off para os primeiros 10 pacientes, então não perca tempo e agende já, pois serão apenas 15 vagas na agenda."

## ➜ 9.2 – GATILHO MENTAL DE URGÊNCIA

Ele é bem parecido com o de Escassez, porém é mais voltado ao fator Tempo. Você não dá oportunidade de escolha, ou o cliente compra ou ficará sem. Usado para produtos de edição limitada ou fechamento de agenda.

Exemplo na Podologia: "Olá, passando para avisar que das 10 vagas que ganharão sessão de reflexologia, 8 já foram preenchidas, então aproveite porque só restam 2 vagas! Estou ansiosa para a "Semana dos Pés" chegar logo!".

## ➜ 9.3 – GATILHO MENTAL DE AUTORIDADE

O gatilho de Autoridade está vinculado à sua expertise em relação ao seu produto ou serviço, é necessário mostrar que você entende bem e divulgue pequenos materiais gratuitamente, seja com postagens ou lives. Autoridade é aquilo que você conquista após conquistar a confiança do seu público. Está relacionado à sua postura, seu conhecimento, seu modo de se vestir e agir.

Se você já palestrou em algum lugar, se promova com fotos suas segurando microfone, orientando pessoas, onde a própria imagem já te ajude a ser visto como um especialista. Ao passar essa imagem de confiança, você influencia na percepção do seu cliente e começa a ganhar visibilidade e reconhecimento como profissional.

Exemplo na Odontologia: Quando for gravar um story ou vídeo explicando ou demonstrando um procedimento, o uso do jaleco já te apresentará como autoridade, e claro, seu conhecimento em solucionar as dores do seu paciente também te tornará referência.

## → 9.4 – GATILHO MENTAL DE DOR X PRAZER

Chegou a hora de sondar seu cliente, estrategicamente na dor dele, pois se você não acertar precisamente nessa análise, terá uma oferta fraca. Somente após mapear o alvo certo da dor do seu cliente, então você conseguirá uma campanha assertiva.

Às vezes parece óbvio, o cliente quer comprar, porém, ele vai te avaliar em cada palavra durante o primeiro atendimento. Nesse momento, você precisa sondar a "ferida emocional" dele. O que o aflige? O que o impede de se sentir confortável? O que o impede de caminhar em um dia ensolarado?

O que o impede de passar mais tempo com a pessoa que ele ama? O que o impede de passar um fim de semana na praia com a família? O que o impede de praticar um esporte? Embora ele te explique em detalhes o que o faz se sentir incompleto, você vai confortá-lo com o quão emocionalmente machucado ele deixará de ficar, e como você vai ajudá-lo com isso.

## → 9.5 – GATILHO MENTAL DE PROVA SOCIAL

Este é um gatilho simples e muito eficiente. Vamos começar com um exemplo: Você vai visitar uma cidade que ainda não conhece e quer tomar um café, então encontra duas cafeterias muito bonitas, uma próxima da outra, porém uma está vazia, sem movimento, e a outra está bem movimentada.

Diante deste cenário, seu cérebro dispara o gatilho mental de prova social, onde você tende a entender que o estabelecimento lotado tem um produto ou atendimento melhor, que vale a pena inclusive aguardar mais tempo em fila, afinal você estará em um ambiente bem frequentado, de melhor qualidade.

Falando em Fila, quantas vezes você já presenciou a entrada de uma casa noturna (balada), sempre com uma fila do lado de fora? Eu, sempre. E quantas vezes você esteve nessa fila, naquela expectativa, e quando entrou na balada, não estava tão cheia quanto parecia? Exato, isso também é uma estratégia de prova social, onde quem passa em frente pensa que o lugar está bombando, levando em consideração a "fila de espera" do lado de fora, ativando o gatilho e passando a imagem de um lugar disputado e agradável.

Se o assunto for vendas on-line e redes sociais, a prova é aplicada de outra forma. Você já reparou em sites de compras que sempre tem um espaço com as avaliações dos produtos, notas de zero à dez, uma à cinco estrelas, então, isso também é gatilho de prova social. E Nas redes sociais você vê em forma de Depoimentos, por exemplo: "Veja os resultados e o feedback dos pacientes." Ou então "Veja o que a mídia diz a nosso respeito". Só para resumir, este gatilho é o mais usado atualmente e não é à toa, e sim porque funciona mesmo.

## → 9.6 – GATILHO MENTAL DE RECIPROCIDADE

Reciprocidade, o famoso "é dando que se recebe". Lá vai um exemplo, se você visita um amigo ou parente e ele te oferece um pedaço de torta ou bolo para você levar para casa, logo ele te emprestará um pote. Você, por educação, ou melhor, reciprocidade, ao devolver o pote também sentirá a "obrigação" de devolvê-lo com algo dentro, talvez outro bolo ou torta.

Essa atitude de retribuir aquilo que te gera valor, funciona da forma correta se acontecer de forma espontânea, sem parecer moeda de troca. Então como aplicar nos negócios essa gentileza? Ofereça materiais gratuitos para seu público, amostras grátis, ou até mesmo respondendo uma mensagem em um fim de semana, para que seu cliente/paciente sinta que possa estar te devendo um favor, isso facilitará suas vendas e consultas. E tenha também esse sentimento de gentileza como hábito no dia a dia, pois é muito gratificante a sensação de ter ajudado alguém.

# CAPÍTULO 10 – FERRAMENTA GOOGLE KEEP

# CAPÍTULO 10 – FERRAMENTA GOOGLE KEEP

Para você que gosta de trabalhar com post-its, e organiza sua rotina por cores e prioridades, então vai gostar desse serviço. Ele tornará todo seu modelo de organização de bilhetes digital e com fácil acesso.

Keep é uma ferramenta do Google, gratuita, para anotações e lembretes, que podem ser etiquetados por cor e sincronizados com Google Drive. O aplicativo permite a criação de notas via celular ou web e está disponível para download na Play Store e na Apple Store.

# CAPÍTULO 11 – FERRAMENTA GOOGLE AGENDA

## CAPÍTULO 11 – FERRAMENTA GOOGLE AGENDA

Você ainda usa agenda de papel para marcar seus compromissos? Veja bem, não estou dizendo que isso seja errado, porém, vou te mostrar que há uma ferramenta gratuita do Google que pode levar toda essa informação para seu celular e computador, de forma segura, organizada e te proporcionando o benefício de evitar carregar peso a mais na bolsa.

O Google Agenda (ou Calendar) é um serviço de agenda e calendário on-line do Google, gratuito, onde é possível adicionar e controlar compromissos, eventos, compartilhar essa programação com outras pessoas, enfim, é seu assistente mobile, que estará sempre em suas mãos, te trazendo assim mais facilidade de acesso e deixando seu nível de atendimento em um passo à frente. O aplicativo, geralmente, já vem instalado no celular, porém pode também ser baixado e atualizado pela Play Store ou Apple Store.

# CAPÍTULO 12 – SITE É MESMO NECESSÁRIO?

# CAPÍTULO 12 – SITE É MESMO NECESSÁRIO?

Atualmente, os sites trazem autoridade ao negócio, em caso de clínica ou estabelecimentos privados. Você precisará investir anualmente em um registro de domínio (www.seunomeexemplo.com.br), que é feito pelo RegistroBR, e precisará também pagar mensalmente um plano de hospedagem, para uma empresa manter seu site online nos seus servidores 24h por dia. Porém com as redes sociais, mais precisamente o Instagram, sendo usado como perfil comercial, podendo inserir link de compra, e sendo uma ótima plataforma para gatilhos de provas sociais, as vezes, ao depender do sua ideia de campanha de marketing, nele você já consegue estruturar um canal de distribuição de seu conteúdo, suprindo o posicionamento de um site.

Se a sua estratégia de site for capturar leads ou criar plataformas restritas de lives e webinários, páginas de vendas, então convém (e muito) você ter um site, porém já sabendo que será necessário investir não somente no registro, mas também em tempo para manutenção e ativação da proposta.

### → 12.1 – CONSTRUTORES DE SITES GRÁTIS E PAGOS

Os construtores gratuitos mais conhecidos são, Wix e Wordpress, ambos com limitações de ferramentas gratuitas, dependendo da sua necessidade, precisará fazer um upgrade de acesso. Já os construtores pagos, eu sugiro a BuilderAll (que eu uso) e o Klickpages, todos eles entregam landing pages que impulsionam as vendas e oportunidades.

# CONCLUSÃO

# CONCLUSÃO

Se você chegou até aqui, é porque quer mesmo alavancar seu nível de marketing nas redes sociais. Por aqui falamos sobre presença nas buscas do Google, harmonização de Instagram, Facebook, Youtube e Linkedin, Produção e edição de vídeo, imagens, e batemos um bom papo sobre esse universo do Marketing, que envolve construção de sites e ferramentas de suporte para uso cotidiano.

Embora possa ter sido rápida sua leitura por aqui, a aplicação deste conteúdo no campo de batalha demanda tempo, esforço, dedicação e disciplina. Bem como este aprendizado em produção de texto, imagem e vídeo também pode ser usado e aplicado em outras redes sociais como Twitter, Tik Tok, Pinterest etc. Não adianta você querer estar em todas as redes se não der conta de suprir a constância de postagens que os algoritmos sugerem.

Lembre-se que se quiser investir dinheiro em anúncios também deve-se considerar o Google Ads e o Taboola, para inserções em sites de notícias e entretenimento que trabalhem com essa disposição de anunciantes.

Os resultados podem variar de pessoa a pessoa, ao ler esse livro você concorda, aceita e entende que você é totalmente responsável por seu progresso e resultados de sua participação e que nós não oferecemos nenhuma representação, garantia ou garantias verbalmente ou por escrito sobre seus ganhos, o lucro do negócio, o desempenho do marketing, o crescimento da audiência ou resultados de qualquer tipo.

É sempre um prazer compartilhar meu conhecimento e estou ansioso para conhecer melhor vocês, para isso, me sigam no Instagram @carreiraup. Até lá!

# SOBRE O AUTOR

Sérgio Corrêa é Fundador do Carreira Up Marketing Digital (@carreiraup), formado em

Comunicação Social - Publicidade e Propaganda pela Faculdade Anhanguera de Taubaté, iniciou MBA em Gestão Empresarial pela FGV, especializado em Marketing Digital pelo Curso Fórmula de Lançamento do Erico Rocha, e pelo Acelerador de Anúncios do Micha Menezes.

Atuou de 2016 à 2019 como Gerente Geral de Loja, em uma das maiores varejistas do país, onde engajou equipes dedicadas e juntos entregaram resultados extraordinários, por exemplo em 2017 onde junto com a equipe que gerenciou, na sexta-feira da Black Friday, elencou a filial de Campos do Jordão -SP em Primeiro Lugar em Vendas no ranking das Lojas Express desta companhia no Brasil. Pessoas que deixaram saudades. E é por elas que está aqui neste objetivo.

Quero inspirar essas pessoas para que consigam produzir mais, melhorarem seus procedimentos, crescerem no mercado e levarem suas técnicas adiante.